書画　板橋興宗

はじめに

福井県の武生《たけふ》という町に、〝猫寺〟と呼ばれ人々に親しまれているお寺があります。

山のふもとにあるお寺の境内には、小さな猫から大きな猫まで、色も柄も違う猫たちがごろーん、ごろーんと寝そべっています。そこに、どこからともなくやってくるのが猫好きな人たち。ご近所の人もいますが、車に乗って遠く他県から訪れる人も多いようです。それぞれに猫をなでたり膝に乗せたりして、至福のひとときを過ごしていきます。

でも、〝猫寺〟というのは境内だけ。お堂のなかには猫は一匹も入れません。

お寺の名前は、御誕生寺《ごたんじょうじ》。二〇〇二年に曹洞宗大本山總持寺の開山・瑩山《けいざん》禅師の生誕地に建立され、二〇〇九年に落慶した由緒あるお寺で、約三十人余の修行僧が日夜修行に励んでおられる専門道場です。朝四時半からの暁天坐禅から夜九時の夜坐まで、毎日規則正しい修行生活が行われています。

気候のいい日の午後、境内のベンチで猫を抱き、ニコニコしながら猫好きな人たちと談笑しているお坊さんがいたら、その人が御誕生寺のご住職・板橋興宗禅師です。

現在の明るく柔和なお姿からは想像もつかないことですが、若かりし頃の板橋禅師は劣等感に苛まれて鬱々とした日々を過ごされました。そして、ご縁のあった禅寺での規則正しい生活のなかで身心を調えられ、人生の意味を追求するためにお坊さんになられたそうです。

この本は、板橋禅師が歩んでこられた人生、そして現在御誕生寺で続けられている修行について、ご自身からお話を伺ってまとめたものです。

忙しい日々のなかでは、なかなか自らの命を見つめることは難しいものです。また、ちょっとしたことにも悩んだり、怒ったり、落ち込んだりとめまぐるしく心は揺れ動くこともあるでしょう。

そんなとき、板橋禅師のやわらかな言葉に耳を傾けてみると、すっと心が静かになる道が見えてくるかもしれません。

編集部

［目次］猫のように生きる —からだで感じる生きかた指南—

第二章 御誕生寺の修行生活について 75

第三章

人生を悩みなく生きるために ―― 129

photo© by tomooka
p009=k_1087 http://www.flickr.com/photos/tomooka/138888565/
p075=k_1028 http://www.flickr.com/photos/tomooka/117626561/
p129=k_1016 http://www.flickr.com/photos/tomooka/113733489/

第一章

禅師さまってどんな人?

人が困りはてたとき
さりげなく手を
さしのべる温かい心が
ホントの優しさで
ある

Q1.

禅師さまはいつどうして坐禅をはじめたのですか?

禅師　学生時代からやっているねえ。

私は仙台一中（旧・宮城県仙台第一中学校、現在は宮城県仙台第一高等学校）から海軍兵学校へ入学し、敗戦のため廃校まで十カ月間でしたが徹底的に厳しい訓練を受けました。

当時の海軍兵学校といえばエリート中のエリートでした。しかし、私の頃には戦争が激しくなってきたので、多くの生徒を入れるようになっていたのです。それでも、合格したときは非常にうれしかったですね。どうせ戦争に行くなら、普通の兵隊さんより高級士官になりたかったね。また、陸海軍の士官の制服も、とてもカッコよかったのです。

ところが、戦争に負けたので廃校となり、復員列車でおめおめと宮城県の田舎に帰ってくることになりました。食料事情が悪かったせいもあったのでしょう。家に帰ると、翌日から肋膜炎（結核）で寝込んで入院してしまったのです。

入院先は、旧陸海軍の将兵を無料で入れた仙台の国立病院でした。普通の兵隊さんなら大部屋なんです。でも、海軍兵学校にいた私は今の防衛大学の学生と同じ立場。将校と同じ扱いを受けてふたり部屋の個室を与えられました。

入院している間にいろんな人と相部屋になりましたが、そのなかにニューギニアから帰って来た軍医さんがいました。その人は時々病院をこっそり抜け出して、近くのお寺に坐禅をしに行くんです。主治医に見つかって叱られてもやめない。「へえー、坐禅というのはそんなにいいものなのか」と興味を持つようになったのですね。

そのお寺は、私が仙台一中に通う道すがらにあったから、退院後に私もそこを訪ねてご住職に手ほどきを受けて坐ってみました。そしたら、気持ちよく心が落ち着いてくるんですね。それが最初の坐禅体験でした。坐禅は深く呼吸をするから肋膜にもいいというので、退院後も自宅で坐禅を続けました。

大学へ入ってからは、毎朝十分ほど坐って、心を落ち着かせてから出かけていましたねえ。

――心を落ち着かせて勉学に集中しようと思われたんですか？

禅師　いやいや。その時は、電車で見かける女学生にモテたかったのです（笑）。「今日も彼女に会えるかなあ」「よく見てもらえるかなあ」という思いで、床の間の前で坐っていたねえ。

――坐禅をするとモテるんですか⁉

禅師　ふふふ、それはどうかわかりません。以前から、心を落ち着けようという気持ちはあったのですね。本格的に坐禅をはじめたのは、大学二年生が終わる頃に仙台市の輪王寺《りんのうじ》という禅寺で生活するようになってからです。

――どうしてまた輪王寺で生活をするようになったのですか？

禅師　入院や療養生活をしたせいで、私は仙台一中の同級生より大学へ行くのが四年も遅れました。その間に、学校制度の変革により、旧帝国大学だった東北大学は新制大学になっていたのです。私はその新制東北大学の一期生です。ものすごく劣等感を感じました。気力はあるんだけど、からだが動かない。ぐうたら生活をして「こんなはずじゃなかった」とグチグチ考えるでしょう。そのうちノイローゼになって眠れなくなってしまった。ノイローゼというのは、今でいう軽いうつ病のような状態ですね。

そんな時に、大学の帰り道に法衣を着た学生を見かけたんです。「坊さんなのか？」と声をかけると、「寺で坐禅をしながら通学している。昨夜、学生服を盗まれたから法衣を借りてきたんだ」と言う。もう、私は不眠症で心が疲れきっていたものだから、「二、三日で眠れるようになる」と言われて「私もそこへ行っていいか？」と問い合わせて、輪王寺で生活をはじめたのです。大学二年生の終わり頃でした。

輪王寺は伊達家の菩提寺にあたる曹洞宗寺院で、学生数名が坐禅を中心に共同生活をしていました。朝は四時から坐禅、読経をし、作務《さむ》、炊事もしてから大学へ通う規則正しい生活です。朝からからだを動かすのでグチグチ考えることもしないし、すっかり元気になってね。不眠症だった学生が、授業中に居眠りばかりする学生になったのです（笑）。

——大学では何を専門に勉強されたのでしょうか。

禅師　宗教学です。輪王寺で生活をするようになって、仏教や宗教そのものに興味が湧いてきたのです。

東北大学にはインド哲学科と宗教学科があるので、どちらがいいかなあと考えておりました。インド哲学科へ進むとパーリ語、サンスクリット語、チベット語など五、六カ国語を勉強しなければいけない。一方、宗教学は英語とドイツ語だけでよかったのです。

そういうわけで、後に東北大学学長にもなられた宗教哲学者の石《いし》津照璽《づてるじ》教授のもとで宗教学を学ぶことになりました。

苦難を経て
人は優しくなる
典宗

Q2.

どうしてお坊さんになったのですか？

禅師　もともと私は、お坊さんほど気の毒な職業はないと思っていました。仙台一中の同級生にお寺の息子がいて、私より成績がよかったのです。「頭がいいのに坊主にならなければいけないなんてかわいそうに。嫁に来る女性はいるのかなあ」と思っていました。

――「気の毒な職業だ」とまで思っていたのに「お坊さんになろう」と決心したのはどうしてですか？

禅師　お坊さんになる以外に、私は生きようがないと思うようになったのです。

父が元気だったら、お坊さんになるなんて、とても許されなかったでしょうね。私が海軍から戻れば医者にさせようと考えて、開業する土地まで見つけていたくらいですから、生きていればお坊さんになるなど絶対に許してくれなかったと思います。

でも、父が脳卒中で急に亡くなったので、私はぐうたらな生活をして、ノイローゼにまでなったわけです。お寺で生活するようになっていなければ、どうなっていたか自分でもわかりません。自殺をしておったかもしれない。私には、お寺の規則正しい生活が必要だし、そのなかでしか生きようがないと思ったからお坊さんになったのです。

大学卒業間近の正月だったでしょうか。寒い朝に、お寺の廊下で拭き掃除をしていました。吹きっさらしの廊下ですから、寒さのために雑巾が凍り、ツルッと滑ったのです。その瞬間に「あっ！」とひらめいたんです。「俺には坊主になる以外に道がない」と。それからはもう迷うことはありませんでした。

大学では友人たちが「就職はどうするか」とワイワイ騒いでいましたが、私は就職のことなどまったく関心がありませんでした。お

逃げている
かぎり
道は開らけ
ない

世話になった石津教授には「大学院へ進まないか」と声をかけていただきましたが、それでも迷わなかったね。もし、あの冬の朝の雑巾がけの経験がなかったら「大学院へ行こうか」などと考えていたかもしれないね。

――「坊主になる以外に道がない」とひらめいてからは、迷うことはなかったんですね。

禅師　まったくそうですね。そこで、「お坊さんになりたい」と輪王寺の日置五峰老師に相談をすると「今は、大本山總持寺貫首をされている渡辺玄宗禅師が、禅僧として最高の人です。あの方を師にするといいでしょう」と教えて下さった。

さっそく、渡辺禅師に手紙を書いて仙台から横浜の總持寺へ面会に行くと、「お母さんの許可を得られるなら来なさい」と言われました。母は反対しましたねえ。やっと一人前になって、家を助けてくれると思っていたら、お坊さんになると言いだすのですから。私が「どうしてもお坊さんになる」と言うので、最後は根負けするかたちで許してくれました。

――それから六十年以上が経ちますが、お坊さんをやめたいと思ったことはありますか?

禅師　それは、一度もありません。ほかの職業にあこがれたことは一度もありません。

今の世の中では、お坊さんは職業の一種だということになっていますが、本当はそうじゃない。お坊さんというのは修行をするための道なのですよ。

Q3.

禅師さまのお師匠さまはどんな方でしたか？

禅師　ひとりは、大本山總持寺貫首を務められた渡辺玄宗禅師です。戦後、總持寺の復興に尽力され、貫首も務められたが「生涯修行僧」として、肉食妻帯をしない立派な清僧でした。頭を剃ってもらったとき、ちょうど渡辺禅師は今の私とほぼ同じ八十五歳で、私は渡辺禅師の最後の弟子だったのですね。

もうひとりは、浜松の龍泉寺におられた井上義衍《ぎえん》老師です。井上老師はお悟りを開かれた方として一部の人々には有名になっておられました。總持寺での修行生活が二年を過ぎた頃に、井上老師が東京に坐禅指導に来られる機会があったので、お目にかかりに出かけたのですね。

するとね、井上老師は握ったこぶしをぐいっと出されて、「これはなんですか？」と言われた。「隻手声《せきしゅ》あり、その声を聞け」という白隠禅師の有名な公案*ですよ。私はね、その公案も答え方も知っ

＊公案
禅宗で修行者が悟りを開くために与えられる問題。一般に「禅問答」と呼ばれる。「隻手の声」はその代表的なもののひとつ。

ておったのに返答に困ったのです。私が何か言うと「そんな屁理屈は言わなくていい。これはなんだ?」とやられるわけです。たったそれだけのことに参ってしまいましたね。

渡辺禅師を慕って總持寺へ上がったのに、それから渡辺禅師を裏切って井上老師のもとへ飛び込んでいったのです。

――總持寺での修行を終えてしまわれたということですか?

禅師　いや、修行の途中です。もちろん許可は得ましたよ。

渡辺禅師に「どこへ行くんだ?」と聞かれましたね。井上老師のところは、修行道場でもなく、ひとつの山寺でした。渡辺禅師は、妻帯している人は本当の坊主ではないと思っているような人でした。井上老師は結婚して子供もいる。「そんなところへ何をしに行くのか?」と思われたでしょう。渡辺禅師は、若いものだから気まぐれに行くのもしかたがない、と思っておられたのでしょうね。

井上老師は、まったく普通の人です。厳しい修行の末、若くしてお悟りを開かれておりましたが、「修行をした」という感じのまったくしない方でした。井上老師のもとでは、仲間たちと小さなボロボロのお堂などを借りてランプ生活をしながら、坐禅や托鉢《たくはつ》をして修行を続けました。

――ランプ生活ですか？　もうその頃には電気が使える時代ですよね？

禅師　もちろんそうです。でも、ランプしか使えないようなところで生活していたわけです。そこから井上老師のお寺へ通って「只管《しかん》打坐《たざ》*とはどういうことか」と問答をしていました。井上老師の問いかけに、答えても、答えても「そうじゃない」「そうじゃない」と言われてね。

＊只管打坐
ただひたすら坐禅をすること。臨済宗では悟りを開く手段として公案に重きを置くが、曹洞宗では只管打坐こそ最高の修行であるとする。

そんな生活を八年もしていたでしょうか。あの当時の生活を思うと、よくもがんばったな、と自然に涙をもよおします。

ある日、渡辺禅師から毛筆の手紙が届いたのです。「あなたはこれからどうするのだ。いつまで放浪しているのか。あなたの本音を聞かせてほしい」とね。おそらく、「井上老師のところがいいと言うなら、私はもうあなたのことを諦めるけれども、戻ってくる気持ちがあるなら住職するお寺のことも考えておくぞ」というようなお気持ちだったのでしょう。

そのお手紙を見たとたん、なんと申し訳ないことをしてしまったのかと思ってね。その日のうちに、荷物をまとめて井上老師の許可をいただいて、渡辺禅師が隠居されていた能登の總持寺祖院へ向かいました。もちろん、修行僧としてね。それからも、浜松の井上老師のお寺で接心*があるときは、能登から通って参禅していましたね

＊接心
禅宗において一定期間昼夜を問わず坐禅を続ける修行のことをいう。摂心とも書く。

ダメだ!!
とあきらめた
ときが失敗である
一生あきらめる
ことがなければ
一生〃失敗〃
はない
宗

え。

あの当時の一途な求道ぶりを思うと、我ながら頭が下がります。お米を買うお金を節約して、麦だけのご飯を食べていましたからね。それが、どこか現在の生活にもつながっているのでしょうかね。

――八年間も離れていても、渡辺禅師はずっと禅師さまを気にかけてくださっていたんですね。

禅師　渡辺禅師も「あれはどうしているのかなあ」と思って下さっていたのでしょうね。もし、帰ってくる気持ちがあるなら、富山の昔ご自分が住職していたお寺の跡継ぎにさせようと思っておられたのです。「大学を出てわざわざ坊主になる者は珍しい、あれをなんとか育てあげたい」という気持ちをお持ちだったのでしょう。今思っても、恐縮のいたりです。

――大学卒業後、一目散に渡辺禅師のもとへ駆けつけて修行をはじめられた〝最後の弟子〟ですものね。

禅師　それが裏切って井上老師のところに参禅に行ったのですからね。もし、仙台に戻って在家のような生活をしていたら渡辺禅師も諦められたでしょう。電気もないようなお堂で修行を続けているから、気にかけておられたのでしょうね。

しかし、一年に一度か二度は必ず参上しお目にかかっていましたし、私の顔を見れば坐禅修行を続けているかどうかは、すぐにわかっておられたと思います。

Q4.

尊敬しているお坊さんは誰ですか？

禅師　昔の人では、良寛さんですね。山のなかで無欲恬淡《てんたん》と暮らしていて、教養においてもピカイチです。私には真似できませんね。おそらく、良寛さんのように子どもと遊んで、無欲恬淡と生きた人は今までたくさんおられたでしょうが、とにかくお悟りを開いておられたところが絶対的な違いです。それを文字や詩に表現できたから、今日まで伝わっているのでしょうね。

私が心筋梗塞のため入院していたときに、からだの具合がよければ病院の消灯後にひそかに写経をしておったのです。良寛さんの般若心経*を写していると、字が似ているかどうかではなくて、ただ楽しいですね。心がさわやかになる。ところが、道元禅師の『普勧坐禅儀*』を写していると窮屈でね、気疲れするんですわ。

だから良寛さんが上で、道元禅師が下という話ではないのです。道元禅師は良寛さんにないものをお持ちでしょうし、良寛さんには

＊般若心経
わずか三百字足らずのなかに六百巻におよぶ『大般若波羅蜜多経』の神髄が収められているといわれ、多くの宗派で根本経典のひとつとして僧侶・在家を問わず読誦される。

＊普勧坐禅儀
入宋修行から帰国した嘉禄三年（一二二七）、道元が最初に著した曹洞宗の根本聖典。坐禅を手段ではなく目的それ自体と唱え、道元の立宗宣言の書ともいわれる。

道元禅師にはないものがあります。人の性格の違いが書く文字に出るのですねえ。

その人の立場や人間性によって、人のはたらきはそれぞれ違いがあります。良寛さんはお寺を持つこともなかったけれど、書や文章などが残っていて、今も多くの人に慕われています。道元禅師は大本山永平寺を開かれた崇高な祖師として尊敬されていますね。もし、良寛さんがここにおいでになったとしたら「いやあ、良寛さんですか」なんてしゃべりたくなるような人だし、道元禅師なら、きりっと改まって襟を正してしまうような人じゃないでしょうか。

——どちらもすばらしい方だと思っていらっしゃるんですね。

禅師　それは当然です。おふたりとも解脱《げだつ》しておられるということでは同じです。お悟りを開いて迷いがない。それを解脱ともいうのです。「ごくあたりまえでよかったんだ！」と自分で気づくということです。

道元禅師は「目は横に、鼻は縦に。毛一本ほどの仏法もなかったのだ」と宣言されています。良寛さんは「災難に逢う時節には、災難に逢うがよく候。死ぬ時節には、死ぬがよく候。是はこれ災難をのがるる妙法にて候」と言われています。言葉だけなら誰でも言えますが、本音からそう言えることが解脱されているということですね。

——良寛さんは、どんなふうにして解脱に至られたのでしょうか。

禅師　やはり修行をされましたね。はじめは、私たちと同じように普通の悩みを持っておられました。玉島（岡山県倉敷市）の円通寺で約二十年修行をされましたが、近所の人ともほとんどお話されなかったと書いてある記録もありますから、一途に坐禅修行に打ち込まれたのでしょう。それでお悟りを開かれたのでしょうね。

——もし、良寛さんにお会いすることがあるなら、どんなことをお話したいですか？

禅師　「いやあ、お目にかかれてありがたい……」と合掌するでしょうね。お目にかかっただけで、すべて了解という感じでしょう（笑）。

「良寛さん、あなたの銅像をお寺の本堂に飾ってありますよ。部屋にはあなたの書を飾ってあります」とも言いますね。私は一時期、非常に良寛さんに憧れて、良寛さんゆかりの土地を訪ね歩いたこともあるのですよ。

――まるでファンみたいですね（笑）。道元禅師については、どんなふうに尊敬されていますか？

禅師　我々はもし、道元禅師にお目にかかったら、無条件に合掌礼拝するでしょう。

　道元禅師がお悟りを開かれたのは宋の国（中国）・天童山で、ある夜に坐禅をしておったときです。隣のお坊さんが居眠りをしておったので、師の如浄禅師が「参禅はすべからく身心脱落《しんじんだつらく》＊なるべし。只管に打睡して什麼《いんも》＊を為すに堪えんや」と一喝してピシリと打たれたのですね。道元禅師は、その音でハッと気づかれた。ただちに如浄禅師のもとへ参じて「身心脱落し来る」と心中を吐露された。如浄禅師は道元禅師がお悟りを開かれたことを印可されて「お前さんは早く日本へ帰ってそれを伝えなさい」と言われたのです。腹落ちし

＊身心脱落
身心ともに一切のしがらみから脱して何の執着もない自由無碍の状態をいう。

＊什麼
「どのよう」「いかよう」など疑問を意味する中国宋時代の俗語。

ないことをずっと問題にしておけば、いつかは疑問は晴れるんですね。

道元禅師は五十三歳の若さでご遷化《せんげ》*されています。もし八十歳まで生きておられたら、もっとやさしく仏法をお説きになられたでしょうね。あるいは、『正法眼蔵《しょうぼうげんぞう》』*をみんな焼いてしまわれたかもしれません。「これらの著述も私の若気の至りでなあ。ただただごくあたりまえでいいんだよ」と言ってね。

私にとっては、道元禅師もお釈迦さまも尊敬する大先輩です。

――お釈迦さまも大先輩ですか？

禅師　私はそう思って尊崇しています。

お釈迦さまは、偉大なるカウンセラーだと思います。「私の教えはこうだ、こう拝め」とは言わないで、「ああ、そう。そんなに頭

＊遷化
高僧の死去を意味する敬語。他に入寂・入滅などともいう。

＊正法眼蔵
道元が生涯をかけて著した、日本曹洞禅の神髄が説かれているとされる根本経典。仏教のあらゆる問題が論じられ、優れた哲学書とも目されている。

を悩まさないで、一生懸命仕事をやってみなさい」とかね。子を亡くして嘆くお母さんに「グチグチ考えたって、仕方がない。この世の中に人と別れたことのない人はいますか。探してみなさい」と言ったり、その時その場に応じたカウンセラーだったと思うね。

Q5.

今、禅師さまに悩みはありますか?

禅師　悩みはないですね。お腹が痛いとか、そういう苦しみはあるでしょうけど、悩みはないねえ。

——いつ頃から悩みがなくなったのですか？

禅師　忘れてしまった。悩みってどんなものなのかも、もう忘れちゃったね。あーでもない、こーでもないと考えるから悩むのですよ。

——若い頃にはどんな悩みをお持ちでしたか？

禅師　「何のために生きるのか」「どう生きたらいいのか」と、一生懸命に考えておったなあ。大学に行っても、先生方に「人生とはなんですか」「何のために生きるんですか」と本気になって聞いていましたね。同級生からは「同じことばかり聞いて、同じような結論ばかりを聞いて何になるんだ」とあきれられたり、叱られたりしたね。でも、私自身は悩んでいるから聞かざるを得ないのです。

――お坊さんになられてからも、「何のために生きるのか」と考えましたか?

禅師　その解決のために坐禅修行をしたのです。いつ頃か忘れましたが、そういうことが問題にならなくなりました。

――「なぜだろう、何でだろう?」という疑問は、ある時ふっとなくなったり、解決したりするものでしょうか。

禅師　それはいろいろです。だんだんなくなることもありますし、ある時ふっと解決することもあります。道元禅師は真実の仏法を尋ねて宋まで行って、あっと気づいたら「眼横鼻直《がんのうびちょく》」*、つまり「目は横に、鼻は縦についておった。ごくあたりまえのことで仏法なんて毛一本ほどもなかった」と言われました。そして「空手還郷《くうしゅげんきょう》」*と、経典や仏像などを何も持たずに帰国されました。

總持寺のご開山の瑩山《けいざん》禅師は、師匠の義介《ぎかい》禅師から「平常心是道《へいじょうしんぜどう》」*と示されて「茶に逢うては茶を喫し、飯に逢うては飯を喫す」と答えられたという有名な話があります。腹が減ったら飯を食えばいい、寝たいときには寝たらいい。あたりまえのままでいいと言うわけです。

「あたりまえでいい」と言われると、「それでいいのか」と頭で理解するでしょう？　ところが、頭の理解と「あぁ、本当だった」という気づきには大きな違いがあります。若い頃の私なら、「仏法

＊眼横鼻直
あたりまえの事実を、ありのままに見て、しかも、そのままである真実を頷き取ること。

＊空手還郷
素手で故郷に帰る、転じて、自らの身心以外の何ものも用いずに本来自然の心性に還ること。

＊平常心是道
ここでの道は「仏道」のこと。悟りとは日常茶飯から離れた遠くにあるのではなく、人間的営みのなかにこそあると説く。

とは何か？」という試験で百点満点をとれる答案を書いたかもしれませんね。それと「ああー……、このままでよかったんだ」という気づきはまた別ですね。今、私が「仏法とは何か？」の答案を書かされるなら「○」を書いておしまいかもしれんね（笑）。

――「○」ですか（笑）。

禅師　もしくは「無為自然《むいじねん》」と書くぐらいが関の山だね。無為とは何もなさない、自然とはそのままでいいということです。もう私には、仏法というものはまったくありませんね。

――もし今、若い人に「何のために生きるのか？」と問われたら何と答えられますか？

禅師　「あんたが息をしているから生きている。それに問題があるのかね？」

――えっ、それだけですか？

禅師　私が「何のために生きるのか」と悩んでいた学生の頃、ある先生が、東北大学学長だった高橋里美先生の言葉を教えてくれたんだね。「人間というのは、朝にお百姓さんが鍬をかついで畑へ出かけ、夕方に帰ってきて自分の家の門を閉めて『ああ、やっと一日が終わったなあ』という繰り返しのなかにこそ、本当の幸せがあるのだ」、と。

高橋里美先生は、西田哲学と双璧をなす哲学体系を築いた方です。わたしはそれを聞いて「あれほどの哲学者がそんな程度のことを言うのか」と憤慨したものですよ。

ところがね、私はいまだにその言葉を鮮やかにおぼえていて、声色まで使って髙橋先生になりきって話しているのです。やっぱり、魂に触れた言葉は残るんですねえ。

もし今、「何のために生きるのか」と聞かれたら、私の言葉じゃなくてこの話をたとえにして言いますね。「高橋学長もそこまで気づいておられたのか……」と、むしろホメてあげたい気持ちですね。こんなこと言ってすみません（笑）。

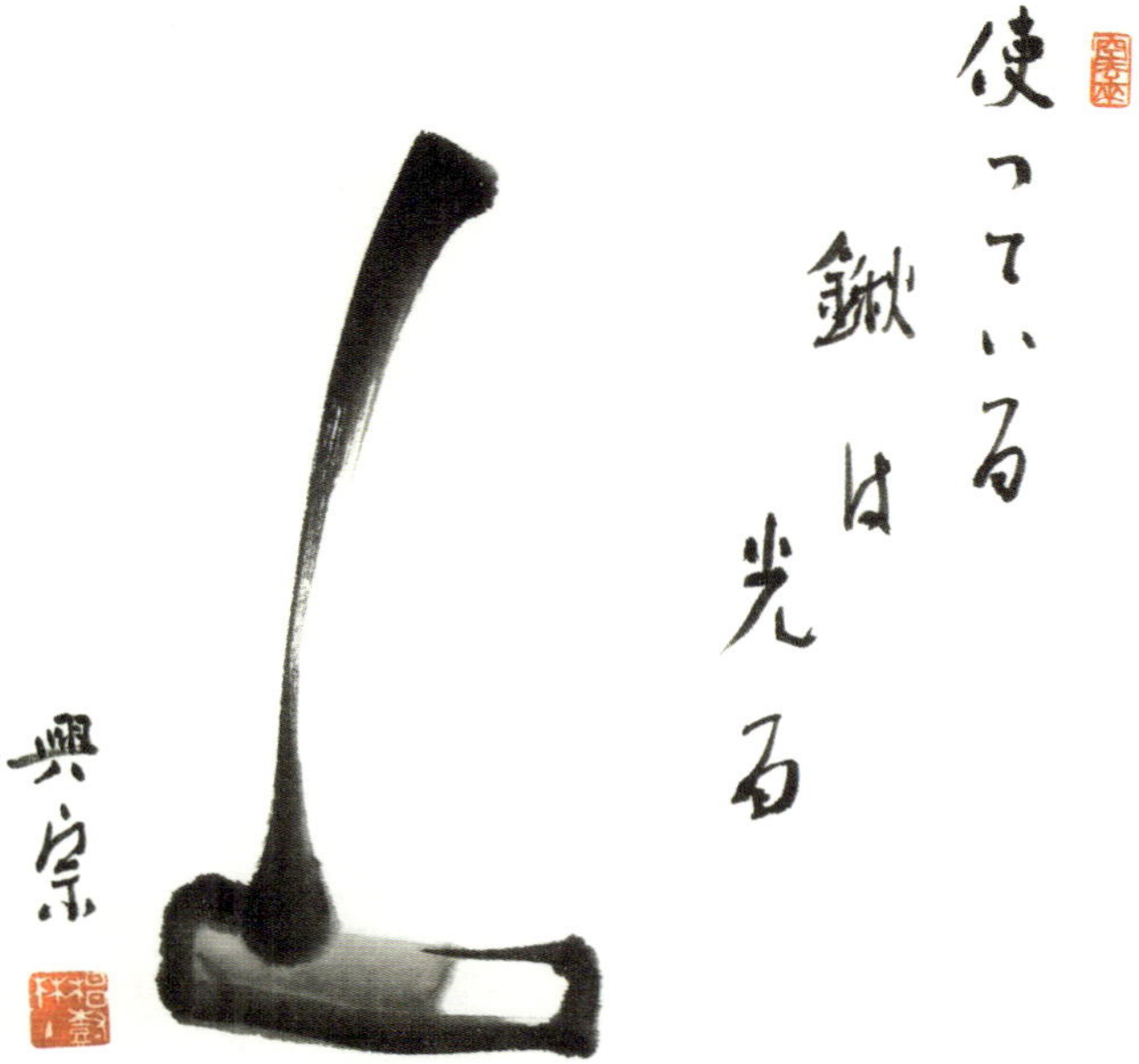
使っている
鍬は
光る
興宗

Q6.

どうして結婚されたのでしょうか?

禅師　がまんできなかったの（笑）。浜松市の井上老師の坐禅会に参加している人のなかに、いつもニコニコしている女性がいてね。

私はその頃四十五、六歳で、渡辺禅師のご遷化をきっかけに總持寺祖院を出て、福井県越前市のお寺の住職をやっておりました。ひとりで炊事や洗濯をするのはたいへんなのですよ。嫁をもらえば雑用をしなくてすむし、ふたりで坐禅ができると思ってね。

そのような理由で結婚をしたんですが、夫婦になればかえって仕事も増えて、時間のゆとりも少なくなった。毎日ふたりきりで暮らしていると、つい言い合いをすることもあります。今までより自由な時間も少なくなりましたね。これではだめだ、何のために僧の身となったのかと、深く反省しましたね。それで、結婚後一年して、私は再び總持寺に修行に行くことを決しました。家内は快く理解してくれました。

あれから四十年経った現在でも、私はこの御誕生寺《ごたんじょうじ》で修行僧と一緒に生活しています。家内は八キロ離れた私宅でひとりで楽しく暮らしていますね。

――よく、奥さまは承知されましたね。

禅師　うんうん。今でも感謝しているのは、家内が「修行へ行きなさい」と言ってくれたことだね。それから、結婚するときに子どもを作らないと約束してくれたことですね。子どもを作ったら必ずお金をためて子どもを育てようとして経済のことを考えるようになりますから。「子どもを作る、作らない」と、モノを作るのとは違うけれど、生まれないように努力をしたのです。

でも、仲が悪いわけじゃないんですよ。電話はしょっちゅうしています。現在も夕食が終わったら着替えを取りに家内のところまで行くこともあるけれど、夜の坐禅までには戻ってきますね。あちらもその方が楽でちょうどいいんじゃないの？　「亭主元気で留守がいい」と彼女自身が言っておりますよ。

うちの家内は、「あなたがこちらで一緒に住んでぐうたらして怠け者になったり、ほかの職業につくようなことをしていたら私は離婚しています」と言うんだな。「あなたが修行をしていると思うから、私はここで留守番をしているんです」とね。なかなかうまいことを言うね。私の修行の態度を見ておって、信頼というか半ば尊敬の目で見てくれているのかもしれませんねえ……。

——半ばではなく、とても尊敬していらっしゃると思います（笑）。女性と一緒に暮らすことは、修行の妨げになりますか？

禅師　この御誕生寺には、いかなる女性も泊めたことはないのです。普通は、参禅者くらいは泊めますね。ここで修行をする尼僧さんもおるんですが、近くにアパートを借りて朝早くここへ通ってきて、夜の坐禅が終わってから帰ります。

女性を泊めないというのは、私の根本思想です。女性を敵視しているんじゃないのですよ。ただやっぱり、隣の部屋で女性が寝ていると思うと、修行僧はもじもじしちゃうんじゃないの？　私の想像ですがね。

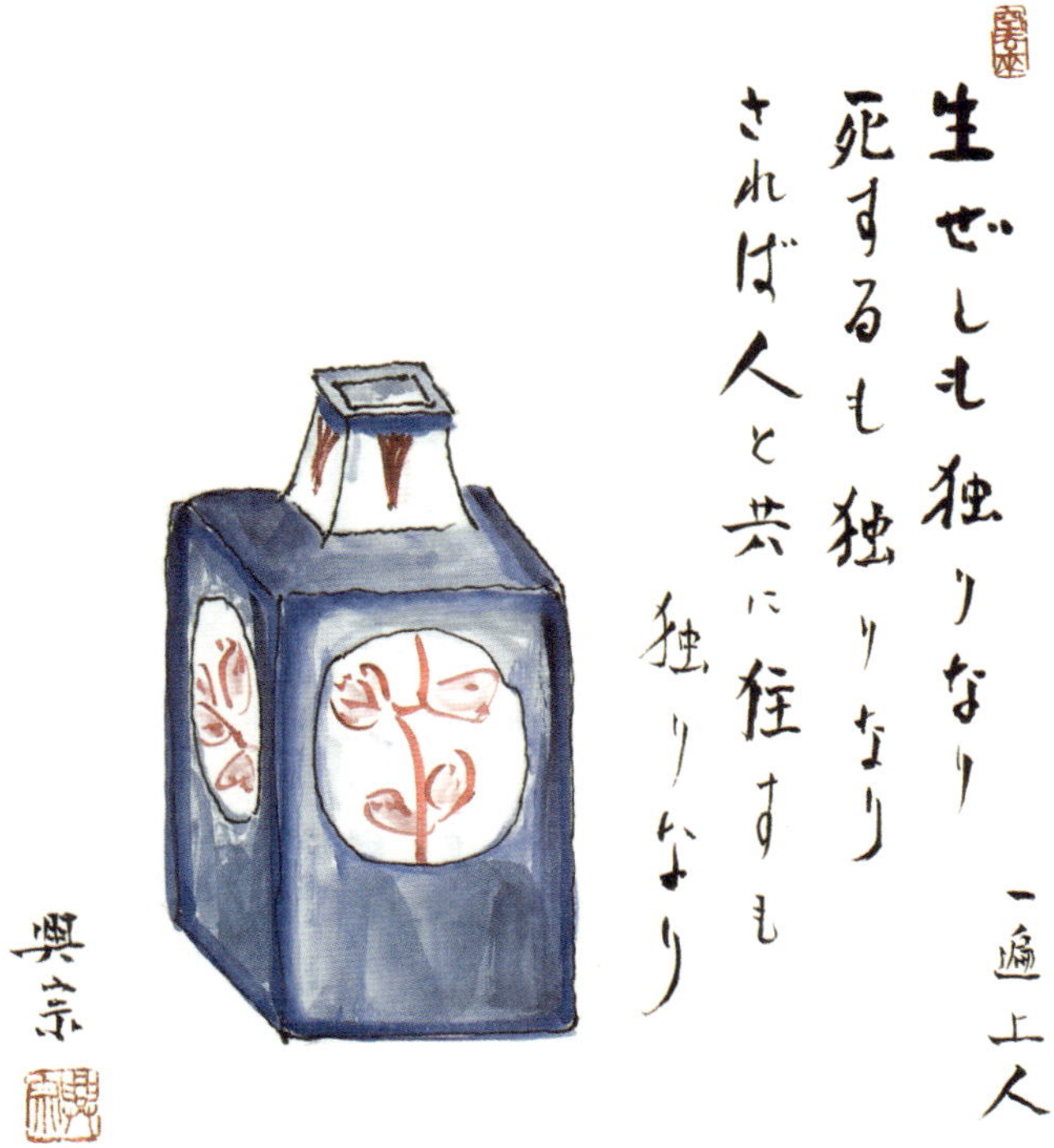
生ぜしも独りなり
死するも独りなり
されば人と共に住すも
独りなり
一遍上人
興宗

Q7.

書画に「閑月興宗」と署名するのはどうしてですか？

禅師　わたしは「閑」という字が好きなのです。「かん」とも「ひま」とも読みますね。本当は門がまえのなかに「月」を書くのだそうです。

昔の中国ではね、それぞれの家に門があったのですよ。お百姓さんが朝早くから汗水流して一生懸命に働いて、夕方帰ってきて門を閉めたときに、ほんのわずかな隙間から、ホッと月が見えると言うんです。その情景は、印象として想像できます。それで、門がまえに「月」で「ひま」。それがいつの間にやら、門がまえに「木」になったのですね。私は、門に横棒を入れてかんぬきのようにして締めるようになったので、「閑」になったのではないかと想像しています。

「閑」という字に「長」をつけたら「長閑《のどか》」です。「しずか」という意味もあって、「閑居」は「世俗を離れてしずかに暮らす」という言葉です。どこか侘びた、心のゆとりのある字だなあと思っています。

それで私は「閑月興宗」という名前も使っているんですね。私のもとでお坊さんになったほとんどの人の名前に「閑」の字がついているんです。最近、得度して頭を剃る人がいるのだけれど、やはり「私にも閑がつく僧名をください」と言うんですね。

——どんなお名前をつけようと思っているんですか？

禅師　「どんな閑にするかね？」と聞いたら、「閑山にしてください」と。「閑の山」ね（笑）。「それはいい、いいよ」と言っております。

一日の仕事が終わって門を閉めたら、ほんの隙間からお月さまが見えるという情景がいいでしょう。それは、私が若い頃に高橋里美先生の言葉として聞いた「人間の幸せとは何か」という話と似ているでしょう？　私はどうもそういう情景に惹かれるんだなあ。

上善は水のごとし

――今の世の中の人間の暮らしにはない情景ですね。

禅師　うん。お百姓さんが一日の仕事を終えた後にのどかにゆとりのある静けさと、会社から帰ってきてアパートで「ひまだなあ」とテレビを見ているのでは、「ひま」の質が違うように思います。「閑」と「暇」の違いでしょうか。現代の人々には日本人本来の情緒が消えつつあるように思えてなりません。

――禅師さまが「閑」になるのはいつでしょうか。

禅師　夜の坐禅が終わってから寝るまでの間が、私の「閑」の時間ですね。

日中は毎日のように誰かが訪ねてきたり、電話がかかってきたり、修行僧と行動を共にしたり、時間のゆとりがありません。もう少し、時間があればいいなあと思います。しかし、それが生き る張り合いにもなっているのでしょうね。何もすることがなければ身も心も衰えるでしょうから。

――書道はお好きですか?

禅師　毛筆で書く「書道」が好き嫌い、の問題ではありません。揮《き》毫《ごう》といって色紙や大きな画仙紙に「書」を依頼されるのです。時間を見出して書くように努力はしているのですが……。思ったように事は運びませんね。

Q8.

禅師さまはどうして「偉そう」じゃないのでしょう?

禅師　「偉い」と「偉そう」はどう違うの？

――禅師さまは、曹洞宗の管長も務められたこともあり、世間から見ると「偉い」人だと思います。でも、誰に対しても分け隔てなく、いつもニコニコされています。知らない若者が訪ねてきても、気さくに声をかけてお話されていますよね。

禅師　だって、私は自分自身を偉いと思っておりませんもの。たしかに、自分の経歴を振り返ると、大本山總持寺の貫首も曹洞宗の管長もやっていたんだなあ。それを考えれば「偉い」はずなんですが、その頃も今も自分を「偉い」とは思っていませんね。

總持寺におったときはね、貫首のために「侍局《じきょく》」という大きい建物が一棟ありました。侍局には、貫首のためのお風呂や台所、食堂もあって、いつでも数人の修行僧が仕えているわけです。でも、私はそこのお風呂には一回くらいしか入ったことがない。

いつも修行僧と同じ大風呂に入って雑談もしていたし、食事は典《てん》座寮《ぞりょう》*の作ったものを食べていました。三百人くらいの修行僧と一堂に会して食事をするようにもしていましたねえ。

――今、御誕生寺でみんなと一緒にやっているのと同じように？

禅師　そうだね。あの頃は、よそへ行くときは高級車に乗せられて、いつも大きな座布団に座らされて崇められました。大本山の貫首というのは用事が多いですし、当時はちょうど道元禅師の御生誕八百年と七百五十年大遠忌《だいおんき》*があったから忙しかったのです。坐禅をする時間 もままならない。「私はこんなことのために坊主になったのではないなあ。やめよう、やめよう」と思ってね。四年間貫首を務めた後、白い地下足袋を履いて雲水（修行僧）の姿で總持寺を辞した

＊典座寮
禅寺で修行僧や参拝客に出す食事を作っている部署のこと。その責任者を典座と呼ぶ。

＊大遠忌
仏教の諸宗派において、宗祖などが没して数百年経たのちに執り行われる法要のこと。

わけです。あんな姿で貫首を辞するのは、後にも先にも私だけかもしれませんね。本年（二〇一二年）は退任してちょうど十年目になりますよ。私としては現在の生活がとてもありがたいです。

――やはり、修行僧と一緒に坐禅する生活が一番いいですか？

禅師　修行僧がいるからこそ私も必ず早朝に起きて坐禅堂へ行く。修行僧も、私が起きるから、ちゃんと起きて坐禅をする。ひとりだと難しいことも、こういう共同生活のなかでは、ごくあたりまえに修行できるのですよ。本当に感謝しています。

Q9.

禅師さまはいつから猫が好きなんですか？

禅師　子どもの頃からだねえ。いつも夜は抱いて寝ていましたね。小学生の頃から大学に通う頃まで、猫を膝に乗せて勉強をしていました。

總持寺の貫首をしていたときには、一時期スーちゃんという猫をかわいがっていたことがありました。ある時、總持寺の墓地を眺めていたら、おばあちゃんがやってきたんです。そしたらねえ、さーっと四十匹くらいの猫が集まってくるのです。墓地が広いから、いつの間にか捨て猫が住みつくようになって、猫好きなおばあちゃんが餌を持ってきていたのですね。

はあー、こんなに捨て猫がいたのかと思ってね。私も自分の部屋の勝手口で、お皿に残り物を置いていたら、猫が食べにくるようになりました。かわいくて、そのうちの一匹をスーちゃんと名づけて、部屋にあげて抱いていたら、ついに抱いたまま寝るようになったのです。

ところが、私は總持寺で一番偉い立場の人間なのに、飼っている猫が柱を引っかいたり、ウンチをしちゃったら困ります。外に出してやるんですが、ギャーッと鳴き声が聴こえると「またあの猫がほかの猫たちにいじめられているんじゃないか」と気が気じゃなかったですね。それで、名古屋にいる尼僧さんに育ててもらうことにしたのです。お別れするときは、新幹線の新横浜駅まで見送りに行ったね。スーちゃんは、まだ生きておるらしいね。

——スーちゃんはほかの猫よりもかわいかったんですか?

禅師　いや、かわいがるとどんな猫でもかわいいんですよ（笑）。たまたま、勝手口に来たのがその猫で、かわいいので扉を開けて私の部屋まで入れるようになっちゃったのです。

――今は、特にかわいがっている猫はいますか？

禅師　今はいないね。この御誕生寺は専門道場ですし、猫と共同生活はできませんよ。猫を嫌いな修行僧もいますしね。お堂の外にはたくさんの猫がいますが、なかには入れない決まりになっています。

ところがね、玄関先が開いている隙から入り込んで、私の部屋まで来て、「にゃぁ〜、にゃぁ〜」と何とも言えない親しい声で鳴く猫がいるのです。猫は、知らない場所に入ると警戒するはずなんですが「お父ちゃん、いますね〜」とでもいう感じの声を出すのですよ。

私がいることが匂いでわかるんでしょうね。そこでまた、入ってきた猫をかわいがったら、私はまた抱いて寝てしまいます。そして、猫が柱を引っかいたりウンチをしたりするようになったら、最後は修行僧たちに「もう、猫の世話は住職がしなさい！」と言われてしまうでしょうね（笑）。

――お経を読んでいるときに膝の上に乗ってくる猫もいるそうですね。

禅師　レオだね。夏に法堂《はっとう》の扉を開けて朝課《ちょうか》*の読経をしていると、私のところにトットットッとやってきて膝に上がってくるんだね。

レオは、東京にいた中国の女性が「預かってほしい」と置いて行ったのです。人間みたいな顔をした猫でねえ。私の肩の上まで上ってきたり、法衣に目ヤニをくっつけたりするんですが、「後で洗濯をすればいいだろう」と思って自由にさせています。

――レオはお経が聞きたくてやってくるのでしょうか？

禅師　いやいや、わかりませんね（笑）。ただ、私がお経を読んで

＊朝課
起床後、暁天坐禅ののちに毎朝行われる読経の勤行。

心が澄まされていると、猫にもその雰囲気がわかるのかなあと感じることはありますね。ほかの修行僧はパッと払ったりするから、そっちには行かない。

――禅師さまは追い払わないと、レオにはわかるのでしょうね。

禅師　どうしてわかるのでしょうか。猫も、猫好きの人かどうか直感するのでしょうか。ところがね、同じレオに昼間触ろうとすると引っかいたりする。寄ってくるのは、朝のお経のときだけです。人間も生き物として読経中の波長が猫の波長と合うところがあるのかもしれませんね。

――猫は増えていて、今は八十匹以上もいるそうですね。

禅師　私が心底から猫が好きだからこそ、猫が八十匹以上もいるお寺になっていると思いますね。日曜日には三百人近い人が、猫と遊ぶためにあちこちからやってきて、〝猫寺〟だと言われています。しかし、私が「このお寺に親しんでもらうために」と、目的を持って猫を集めたのでは、こんなことにはならなかったと思います。こんなに多くの人々が遠くからもおいでになるのは、猫と一体になっているお寺の雰囲気がいいのではないでしょうか。

うちの家内にそう言うと、「猫寺として有名にしてはダメです。厳しい修行道場なんですから！」と叱られるんです。「はいはい、そうだな。そうだな」と言っております（笑）。

——禅師さまが叱られることもあるんですね（笑）。修行僧のなかにも、猫好きな方はいらっしゃいますか？

禅師　「嫁さんに叱られる」、これが家庭というものでしょう（笑）。いつも猫に餌をやって面倒をみている修行僧が来ると、猫たちは、ぱーっと飛びあがって走り寄って行くねえ。ここにいる猫たちは、ぐうたらの極みだな。食べたら寝ころんでいる。

私は、子どもを育てたことはないけれど、ぐうたらな子どもほどかわいいんじゃないかと思う。猫を見ているとそう思いますね。

――でも人間は、甘やかされすぎると自立できなくて困るんじゃないでしょうか？

禅師　なんといっても本人が困りますね。このお寺の猫もね、私が住職しているうちはいいが、代が替わったらどうなるのかな。今から野良猫になるわけにもいかないし、ネズミの捕り方も知らんだろうから苦しむだろうなあ。

——心配しながらも猫を引き取っておられるのはなぜですか？

禅師　だって、私が引き取らなければ、保健所に連れて行かれてしまうでしょう。それで猫の命はないのですよ。せめて百匹までは引き取ろうと思っています。

それを言うと、猫係りの修行僧は、エッとあきれたような顔をしますね。

優しい
言葉には
動物も
従う

壁にぶつかったら
初心に帰れ

第二章

御誕生寺の修行生活について

Q1.

規則正しい生活を送るのはどうしてですか？

禅師　禅の修行道場では朝早く起きることに決まっています。道元禅師の頃から七百六十年以上ずっと変わらず、日が昇る前から一日をはじめることになっています。その方が心も落ち着きます。

御誕生寺《ごたんじょうじ》では、毎朝四時二十分に起きて、四時三十五分から暁天坐禅*をします。他の道場では暁天坐禅は四時からで、冬は一時間遅くしたり、四九日《しくにち》*は暁天坐禅をなくして一時間遅く起きるのですが、私は金沢の大乗寺にいる頃から夏も冬も四時二十分に起きて、一日たりとも坐禅を欠かさないことにしました。

坐禅は一炷《いっちゅう》*約四十分、経行《きんひん》*をして、また一炷坐ります。その後、六時十分からは朝課《ちょうか》です。約一時間お経を読んで、七時十五分から粥座《しゅくざ》*で、朝食は必ず儀式通りにお粥《かゆ》をいただきます。

――修行道場では、規律ある生活をすることが重んじられるのはなぜでしょうか？

＊暁天坐禅
夜が明けきらぬ早朝から行う坐禅。僧堂では夜から一日がはじまると考え「後夜の坐禅」ともいわれる。

＊四九日
四と九のつく日。五日に一度回ってくるこの日は普通、禅寺では通常の修行を行わず、大掃除、入浴、剃髪をする日と定められている。

＊一炷
線香が一本燃え尽きるまでの時間（四十分）を指し、禅寺で坐禅を行う時間の単位。

禅師　おもしろいことにね、この春も体重が百キロ以上ある新しい修行僧が二、三人来たのですが、一カ月で二十キロくらい減ったのです。食べるものが限定されるし、贅沢なものはない。毎日お経をあげて食事をしているでしょう？　それ以上食べたいという気持ちが起きてこないのですよ。ひとりでいると自由にもっと食べてしまう。お母さんがどんどんモノをあげるからぐうたらになるんですよ。親もぐうたらな子どもの方がかわいいんじゃないですか。

この寺へ来て、規則正しい生活をして、つまみ食いをしないでいれば、たった一カ月で十キロ、二十キロ痩せられるのです。

――規則正しい生活をしていると、からだが引き締まってくるんですね。

禅師　からだだけではありません。心も引き締まります。私も学生

＊経行
坐禅と坐禅の合間に行われる行。堂内の仏前を静かに読経しながら歩く。坐禅にともなう足のしびれや眠気を取り除く効果もある。

＊粥座
禅寺での朝ごはんのこと。朝食はお粥と決められている。これに梅干しとたくあんなどの漬物がつく。

時代、母親に甘えてぐうたらな生活をしてノイローゼにもなり、不眠症にもなりましたよ。それが、仙台の輪王寺《りんのうじ》で規則正しい生活をするようになったら、数日のうちに熟睡するようになりました。ノイローゼも治りました。

Q2.

修行は共同生活のなかで行われなければいけないのでしょうか?

禅師　よその人はわかりませんが、私はひとりでは修行生活はできませんね。多くの人と規律ある生活をしているから、早朝から坐禅や読経もします。経文を唱えて食事もしているのですね。
家内のいる私宅には、この三、四年は泊まったことがありませんね。夫婦仲が悪いのではありません。修行僧と一緒でなければ、早朝の坐禅もしませんね。私は傍目《はため》を気にしながら生きている、と自覚しているのです。道場という緊張の場がありがたいのです。

――みんなで一緒にやるから修行できるということでしょうか？

禅師　まったくその通りです。ひとりでは節制はできないですよ。規則正しい修行生活を送っていると、自分に締まりができてきます。そして、身心ともに健康であることを、じかに感じますね。

――御誕生寺では、一般の人も坐禅や朝のお勤めに参加させてくださいますね。

禅師　猫まで朝の読経に来るほどだからね（笑）。

ここは修行道場ですが、私の頭のなかでは修行僧と一般の在家者の区別はまったくありません。女性が夜泊まることを禁じているというだけで。来る者は拒まない。去る者は追わない。

――海外からの参禅者の方も来られていて、広くお寺の門を開かれていますね。

禅師　サンガ*として、いろんな人が来ることは喜ばしいことです。

今は、長期参籠者*も併せて約三十人以上がここで修行をしています。今、大本山永平寺と大本山總持寺に次いで修行者の多い道場で

＊サンガ
サンスクリット語で「集い・団体」の意味。仏教では修行者の集団を指し、「僧伽（そうぎゃ）」と漢訳される。出家サンガは無執着、非差別を旨とし、無条件で慈悲を実践しなければならない。

＊参籠者
出家した修行僧とは異なり、在家の一般人で一定期間寺にこもり修行体験をする人。

しょうね。

このお寺には檀家はほとんどありませんから、お葬式もここ数年間一軒もありません。不思議なことにね、今日一日の収入はひとつもないのです。お米や食べ物を送ってくれる方がいたり、お金を寄付してくださる方々がおられるので、三十人あまりの修行僧が、不自由を感じることもなく修行しておられるのです。

私がもっと若ければ、先頭を切って毎日托鉢もするのでしょうが、今はもうできないね。年齢による体力の衰えを、自分なりに自覚している毎日です。

Q3.

修行をすると、どう変わっていくのですか？

禅師　言葉を離れて、からだがわかっている生活に戻ります。修行というのは、どんな種類のことでもそうなるのでないかと思いますね。

一流の陶芸家や書道家の方も、「どうやったらそんな風にできるんですか？」と聞かれても、それは長い間のからだの体験で培われたものですから、「自然に身についたんだ」としか答えようがないでしょう。たとえば毛筆で紙に「力強い線を書く」ということも、力づくでやれば紙が破れるだけですね。

どんなことでも一流になった人は、言葉を使わないですよ。はじめは「こうすればこうなるんだよ」と教わるけれど、熟達すれば自然に手が動くようになるのでしょう。そうなると「どうしたらそんなに上手に手が動くの？」と聞かれても、「自然と手が動くんだよ」としか言えない。

音楽家も、音符を見ているわけじゃないのでしょう。自然にからだが動くし、自然に声が出るのでしょうね。
内容が豊かな人は、なんとなく後ろ姿でわかりますね。その人らしい雰囲気がある。それもやはり言葉じゃないのです。
修行は全部言葉を使わないことに極まります。坐禅も言葉を使わない。お経だって、言葉ではありません。ダンダンダンと、身心のリズム運動です。

——修行道場では、食事中も言葉を一切使わないで黙々としておられますね。

禅師　そうです。「今日のお粥はおいしいなあ」などと、誰も言いません。声に出すのはお経だけです。あとは、すべて身振りですね。食事はすべて修行僧が作るのです。いつもおいしい食事ができるとは限りません。「うーん、これも食べなければいけないかなあ」と思うこともありますが、不平の言葉は出ませんね。不平を起こす気もないですね。「これはおいしいなあ。もっと欲しいなあ」とも思いませんね。

授かったものに感謝の心とでもいうのでしょうか。修行道場のありがたいところです。

——黙って食べることで、無念無想の状態で味わえるのでしょうか？

禅師　適当に空腹を感じて、一生懸命食べているときは、無念無想ですよ。おいしい、まずいなど考えないで、作法通りに真剣に食べる。修行とはそういうものです。

——食べることも修行のうちなんですね。

禅師　もちろんそうです。修行は坐禅をしているときだけじゃないということですよ。食事をしたり、作務《さむ》*をしたり、歩いたり、寝ていたりと、生活している時間の方がはるかに長いんですからね。その時々に、どこに心を置いているかが問題なのです。

＊作務
掃除や畑仕事など、禅寺の修行僧が日常的に行う労務のこと。

この世
には
雑用
という
用は
一つも
ない
宗

Q4.

禅師さまにとって修行とはなんですか?

禅師　その時、その時の「今」に目を向けている努力。それが私の修行です。私にとっては、修行の目標は「実感」ですね。実感というのは、目に見えるもの、からだに感じるもの。テレビを見てワァワァとやっているときも「ああ、そうだ」と、ハッと「今」に目を向ける努力ですね。

それが私にとっての結論です。いつでもからだの「実感」に目を向けている。それが私の坐禅であり、修行であり、命そのものです。ただ、うかうかしているとそんなことは忘れてしまうこともあるから、また思いだしてね。「今を実感する」、これに尽きます。

――そうして修行していれば悟ることができますか?

禅師　二十代から五十代まで、「悟ろう、悟ろう」と思って努力をしましたね。今は悟る気もなくなっちゃった。何を悟るのかもわからない。

――それはもう、悟ってしまったからでしょうか？

禅師　それもわからないね。ごくあたりまえの人になったのですね。若いときは、ごくあたりまえのよさがわからない。何か本当の生き方があるはずだと求めるのです。どこかに本当の生き方があるのではないかと、頭のなかの観念が中心になって生きているからです。

これは「言葉」をおぼえた人間の宿命ですね。猫は悩みませんよ。

平凡の
中から
生れる
非凡さ

Q5.

坐禅をするのはどうしてですか？

禅師　背筋をまっすぐにしていると、気持ちも自然によくなることは体験上わかります。

坐禅をすると、脳のなかが無重力の状態になるのですよ。宇宙船の中では、何の抵抗もなくサーッとモノが動いていきますね。ころーんとやれば何の抵抗もなくころーんとなります。あれは重力がないからです。人間の頭も、執着がなければ無重力の状態です。「おーい」「はーい」。「ばか」「ふーん」。「あれをやれ」「はい、やります」。何の隔てもないと思います。

ただし、坐禅中に無念無想になるということは、私はほとんどないですね。坐禅をしていると、いろんな雑念が出てきます。出てきたからといって、それを気にしないことです。無念無想なんていうのはね、何かひとつのことに懸命に取り組んでいるときだけですよ。

――禅師さまでも、坐禅をしているときに雑念が出てくるんですね。

禅師　生きているからね。眠っていても脳は活動しているから夢を見ますね。静かにしていると、かえって雑念が意識されます。だから、私は無念無想を理想に描いて坐禅をしない方がいいと言いたいのです。

雑念が出てきてもそれを気にしないことです。何か思い浮かんでも、それを追いかけないようにするのです。「ひとーつ、ふたーつ、みーっつ」と呼吸しながら、数を数えるのもいいですね。心を呼吸に向けておいて、言葉で考えないようにするわけです。人間は言葉でいろいろ考えるから、それが執着心となるのです。

——執着しないために坐禅をするということでしょうか？

禅師　言葉で考えるのではなく「からだがわかる」生き方が、坐禅の真髄だと思っています。人間を含めて、生き物はすべて大自然のなかに生きている、生かされています。でも、人間は言葉でごちゃごちゃ考えて観念の世界に生きてしまう。ノイローゼや自殺者が多くなるのもそのためです。

——坐禅を続けていたら、また自然に戻れるでしょうか?

禅師　言葉を使わないからね。からだが、じかに実感する生き方です。自然にとけ込む生き方です。坐禅はそれを習得し、実感することにあります。

——ところで、坐禅をしていると、どうしても眠くなってしまうのですが……。

禅師　それはしかたのないことです。騒いでいる頭のなかが落ち着いてきて、静かにしていると眠くなるのは、生理的にあたりまえです。しかし、ホントの坐禅は精神が澄み、心が落ち着いてきます。いねむり禅とホントの禅の違いは紙一重と言いたいね。

とにかく、朝、五分でも十分でもいいです。からだをまっすぐにして坐るだけでもいいと思いますね。

垣根は
相手が
つくって
いるので
はない
自分が
つくって
いる

Q6.

坐禅をしているときと
それ以外のときはどう違いますか？

禅師　まったく同じなら、坐禅しませんね。静かなところで静かに坐っておれば、それだけのことはありますよ。

坐禅をしているといい知恵が出ます。大切なことを決定するときなど、坐禅をするといいですよ。毎日続けていると、自然に普通の人とはどこか違ってきます。

最近の科学的な研究では、背骨をまっすぐにして下腹部で呼吸すると、脳にセロトニンという心を落ち着かせる作用のある神経伝達物質が出てくると言われています。また、脳科学の話では、「今日はどうしようか」という日常的な考えごとは左脳で、もっと大局的な判断は右脳でするらしい。坐禅をすると右脳がより活性化すると思いますね。

たとえばですよ、あの人の嫁になろうか、この人の嫁になろうかと判断に迷うことがあったとします。その時に坐禅をすると「あの人は、お金もない、学歴もない。それでもあの人の人柄がいいわ」と、気持ちが定まるかもしれませんね。

――禅師さまも、大事なことを決めるときは坐禅をしますか?

禅師　私は四十六か四十七歳で、再び大本山總持寺に修行に行ったのです。すると、若い修行僧と同じ扱いをするわけにはいかないからと、「単頭《たんとう》*」という坐禅の指導役につけられたのです。任期は四年で、終わったら次の候補者が決まって、私は總持寺を出なければならなくなったのです。

すると、当時は東北福祉大学の学長で、後に駒澤大学の学長になられた大久保道舟《どうしゅう》先生から「東北福祉大学で坐禅の指導をしてくれないか」と依頼されたのです。私も心が動いてね。法衣を着ていていいし、住むところは大久保先生が官舎を提供してくれると言う。

*単頭
単は禅堂で修行僧各自が坐る席のこと。単頭は単の上座に坐り、指導監督にあたる役。

しかも仙台は私の故郷でしょう。ところが、同じ時期に「能登の總持寺祖院の役寮《やくりょう》*にならないか」という話がきたのです。迷ったねえ。考えれば考えるほど、いろんな計算が出てきて「仙台へ行こうか」と思う。でも、坐禅をすればするほど「能登へ行くべきだ、能登へ行くべきだ」と心がささやく。それで總持寺祖院へ行くことに決断しました。それから最後は曹洞宗の管長にまでなってしまったのですね。あの時、仙台へ行っていたら、今頃何をしていたかわからんねえ。もう死んでいるかも……。

誰にも、いずれを選ぶべきかと迷うときがあります。そういうときは、静かに坐禅をして決めれば、後悔がない判断ができると思いますね。これは間違いありません。

*役寮
禅寺での修行を指導する、修行僧に対する教師的立場の僧侶。

Q7.

お経を読むのはどうしてですか?

禅師　読経の意味づけ、その人の考え方によって違います。お経を覚えてお布施をいただくためにとか、動機はいろいろあるでしょう。
私の最近の見方は、リズム運動です。読経は坐禅と同じで、理屈なしにやるのです。脳内のセロトニンが活発になって、精神が安定し、しかも高揚します。

――長いお経をおぼえるのは大変そうです。

禅師　私はまだひとつも暗記していないのです。みんなで読むときはいいのですが、ひとりで読むときは経本を見ながら読んでいます。

――お経を読んでいるとき、禅師さまはどんな気持ちになりますか?

禅師　坐禅するときと同じ心境ですね。お経はお経に熱中するんですね。おしゃべりしながらテレビを見る時間とは違います。身心ともに気持ちよくなります。それは、お酒を飲んだり、遊ぶ気持ちよさとはまったく違いますねえ。

——たしかにお経の言葉の音やリズムは、とても面白いし耳にも気持ちいいです。

禅師　「なむからたんのーとらやーやー」とね。これは『大悲心陀羅尼《だいひしんだらに》』*というお経です。意味はわかりませんが、みんなでただリズミカルに発音していることに意義があります。脳内にセロトニンが広がるのでしょうね。身も心も充実してきます。

——お経の意味を知りたいとは思いませんか？

＊大悲心陀羅尼
『千手千眼観自在菩薩広大円満無礙大悲心陀羅尼経』の陀羅尼部分だけを取り出した禅宗の基本経典。陀羅尼とは、翻訳によって原意からはずれることを厭い、サンスクリット語をそのまま漢字に音写した経文のこと。

良き習慣は
温かい心を
育てる

禅師　私も、若い頃に仙台の輪王寺に宿泊し、翌朝の読経が終わって、すぐ住職に「なんで意味のわからないお経を読むんですか？」と質問しましたね。

でもねえ、あれは意味がわからないからいいんです。読経はリズム運動なのですよ。我々が毎朝読むお経のなかには、インドの言葉をそのまま棒読みしているものもあります。読んでいると、身も心も満たされるのです。それをからだがわかってやっているから、意味を考えないのです。意味を勉強するのは学者の仕事ですね。

――お経をただ読みあげるだけでは、「読経」にならないということでしょうか。

禅師　読経はリズミカルでないと、だめなんです。曹洞宗には『正《しょう》法眼蔵《ぼうげんぞう》』という道元禅師の著作が九十五巻もあります。そこから特に重要な部分を引用して、意味のわかるお経として『修証義*』という経本を作ったのです。それを檀家のご法事なんかで、みんなに本を持たせて唱和する。ところがね、音律がないから合わないし、読んでいても疲れるのです。朗読になってしまう。読経という〝行〟とは、どこか違うように思いますね。

読経は朗読ではありません。身心のリズム運動だと、私は考えています。こんなこと言う人は、ほかにいないかもしれませんが。

＊修証義
『正法眼蔵』から、在家への布教を念頭において重要な点を抜粋し全五章三一節にまとめたもの。還俗し在家主義を唱えた仏教学者・大内青巒（せいらん）が明治二三年（一八九〇）に作成。

Q8.

どんなふうに修行僧を教えていますか？

禅師　修行僧と一緒に坐禅をして、一緒に読経して、一緒に食事をする。私には、指導するという気持ちはまったくありません。修行仲間だと、心の底から思っています。ほかの道場では叩いたり怒鳴ったりしますが、私には指導して叩きあげるという観念はまったくありません。自然によくなっていくに任せます。いい習慣が自然に身につくのを期待しているようなものですね。

――一緒に行動することによって教えておられるのでしょうか？

禅師　私が一緒に修行をさせてもらっている感じですね。ただ、年輩者として経験も長いから、先輩としてみんなが知らないことを教えたり注意することはありますよ。

――学校や会社で、人を教えることの難しさを感じている人は多いと思います。

禅師　いるでしょうね。

先日、私は海軍兵学校の同級会へ名古屋まで出かけて行ったのです。そこで、同級生のひとりが、ある高校の理事長をしている関係で、吹奏楽部の生徒たちが演奏してくれたんです。私は今まで、テレビでオーケストラを見てもあまり感動しなかったのですが、実際に指揮者がタクトを振って演奏するのを見ると「ああ、いいなあ」と思ってね。その時ふっと思ったのです。「これをうちの修行僧に聴かせてあげたいなあ」とね。不思議ですねえ。そんなことを自覚したのは、はじめてでした。

たとえば、どこかでおいしいものを食べたら「これをうちの子どもに食べさせてあげたいなあ」と思うでしょう。私は、今まで気がつかなかったけれど「うちの者に聴かせてあげたいなあ」と、修行僧を〝うちの者〟と思う感覚が身についてしまいましたね。
それを裏から考えると、ここの修行僧たちも私のことを、指導役の兄貴分だと思っているのではないかと思うのです。お互いにそんなことは表にも出しませんし、自覚もしませんけれどね。御誕生寺はそんな道場です。

――禅師さまは、今までも大本山總持寺で単頭職を務められたり、大乗寺でも六十人もの修行僧を道場でご指導されていました。「うちの者」と感じられたのは、御誕生寺がはじめてだったのでしょうか？

禅師　そういうことに気づかなかっただけかもしれませんね。うちの修行僧のなかに、来春に總持寺へ上がって修行をしたいと言う者がいるんです。それで、先日横浜の總持寺まで連れていって「この者をよろしく頼む」と、現在の貫首や役寮に挨拶をしてきました。

もし、私が自分の寺のことだけを考えるなら、この寺に置いておきたいと思うでしょう。でも、彼本人のことを考えれば、やはり一度は本山へ行くのもいいと思ってね。

お互いに自覚はしていなくても、家族意識ができてきているのではないかと思います。修行僧は私のことを恐ろしい指導役とは思わないでしょう。警策《きょうさく》*で打つこともないし、怒鳴ることもありませんからね。

——警策を使わず、怒鳴ることもしないのはどうしてですか？

禅師　私はそういうことは好きではないのです。そんなことまでして厳しくすることが修行ではないと思っています。坐禅や読経が習慣として身につけばいいのです。厳しくやれば、修行道場を出て自分ひとりになったらやらなくなります。坐禅が嫌いになってしまう

*警策
坐禅の際、修行者の肩や背中を打つための棒。臨済宗では「けいさく」、曹洞宗では「きょうさく」と読む。警策は文殊菩薩の手の代わりとみなされている。

でしょうね。

――でも、禅師さまご自身は厳しく指導を受けて修行をしてきたのではないでしょうか？

禅師　うーん。今、ここにいる方が厳しい修行じゃないかと思いますね。たとえばね、私は毎朝二時頃に目が覚めるんですね。これが、ホテルなどに泊まっているときには、二時や三時には目が覚めないね。やはり、ここにいると緊張していますね。自宅だったら、もっとぐうたらになるねえ。

――修行僧のみなさんも、禅師さまが怒っておられるところを見たことがないと口をそろえておっしゃいます。

禅師　そう言っておりましたか。大きな声で叱ったり、怒ったりすることは一度もないね。「それは違うぞ」と言うことはありますがね。私はここで修行をさせてもらっている一員だと思っています。ひとりであれば、今頃ぐうたらになっているでしょう。おそらく家内とも離婚しておるでしょうね。

――どうして怒らずにいられるのでしょうか?

禅師　怒る気がまったくありません。この寺に生活しているだけでありがたいのですよ。山や河を見たり、天空を仰いだりしていると、「ああ、ありがたいな。大自然のなかに生かされているな……」と、感謝の念が自然に湧いてきます。八十六歳という年齢がそうさせるのでしょうかね。

智は愚を責めず
興宗

Q9.

仏教は何を教えてくれますか？

禅師　仏教とは、一言でいえば「大自然のなかにごくあたりまえに息づいていること」と言いたいね。我々の人生は、一寸先のわからない川を渡っていくようなものです。どこに石があるのか、足を取られる深みがあるかわからない。

その川を渡るのに、おどおどしながら渡る人もあれば、遠くに見える光を信じ切って「あそこに輝くものがある」と足元を気にせず歩いて行く人もある。それが信仰というものでしょうね。

禅の方法は「深みがあって転んだら、転んだでいいじゃないか」と、取り越し苦労をしないで前向きに歩くというものです。ああでもない、こうでもないと言葉で考えて取り計らうことをしない。言葉で考えることを少なくして、からだが実感していることが、坐禅であり読経ですね。

――言葉で考えて取り計らうことで、取り越し苦労をしてしまうのでしょうか。

禅師　その通りです。人間の悩み苦しみは、言葉を覚えて文明を作ったことに起因します。悩み苦しみをなくするためには、言葉を使わないことです。さっきの川のたとえで言うと、一寸先がわからなくてもとにかく歩かなければいけないのです。人生には確定したものはない、毎日が不明確な日暮らしです。ただ、確率上「新幹線に乗っていれば無事に東京へ着くでしょう」と思っている。

禅はね、穴に落ちたら落っこちたらいい、生が来たら生、死が来たら死。何が来ても嘆くことがないように、心を素直にさせておくことなんです。喜びが来ようと、悲しみが来ようと臨機応変にただ処しているだけ。それが坐禅なんです。

頭をからっぽに風通しをよくして、執着のないようすですね。そういうからだにするために姿勢を正して坐る。ただリズミカルにお経を読む。すると精神を充実させるセロトニンも、にじみ出てくるのでしょうね。

――「言葉で考える」ことと、本を読んだり文章を書くときに「考える」のはまた別なことですよね?

禅師　それは別です。私も考えないということの意味を理解するために努力しています。いろいろな本を読んで、知識の内容を深めようともしていますね。自分で「活字の虫」と自嘲しているくらいです。町へ出かけると、必ず本屋に立ち寄りますね。

Q10.

解脱（悟り）とはどういうことですか？

禅師　「このままでよかったのだ」と気づくことですね。頭で考えて理解することでもなく、単なる納得でもありませんね。ああ、このままでよかったのだという「気づき」ですね。

たとえば、海のなかに魚がいっぱい泳いでいるとします。彼らは水のなかで生きているので、「水」ということを意識しません。そこで、気の効いた魚が「陸地に上がれば本当の〝水〟が見つかるかもしれない」と思って、パタパタと陸地へ上がってきて水たまりを見つけます。「あっ、これだ！」と飛び込んでみる。「うーん、前よりも濁った水だなあ」。また、パタパタと必死で陸地を這って進んでいく。これを人間でいえば、修行です。修行の途中で終わる人もいるでしょう。

ところが「これでも納得しない」「これでもまた納得しない」とやっているうちに、崖っぷちへやってくるんです。崖の下からは怒涛の波の音が聴こえてくるわけです。「ほう、すばらしい水があるなあ」と飛び込んだ！　すると、昔泳いでいた同じ海なんですね。周りには、かつて一緒に泳いでいた魚たちがいっぱい泳いでいる。

水を知ったその魚は、再び水を求めることはしないでしょう。「なーんだ」という本当の気づきですね。悟りとはそういうものです。

――「本当の気づき」と「理解すること」「納得すること」の違いについて、もう少し詳しく教えてください。

禅師　第二次世界大戦末期の混乱のなかで、やむなく満州や中国に子どもを残して日本へ引き上げた人たちがいました。中国に残された子どもたちは「中国残留孤児」と呼ばれて、戦後ずいぶん経ってから、実の親を探しに日本へやってきたわけです。

血液型、記憶、別れた場所もすべて一致する人を見つけると、その情報を頭で理解し、納得もして「うちの子どもに違いない」「お母さんに違いない」と信じます。ところが、紙一重の疑いが残るのですね。

たとえば、夫婦でも「うちの夫は今夜は浮気をしていない」と〝信じる〟。しかし、考えてみてください。もし、夫が出かけずに一緒に食事をしていたなら「浮気をしていない」などと信じる必要はありません。浮気しようがありませんし、「浮気していない」のは〝事実〟ですからね。「これに違いない」「信じる」と言っているのは、どこかで疑っている証拠です。

ところが、何かの拍子に「ああ、本当のお母さんだ」と気づくときがある。病気をして看病をしてもらったときかもしれません。理屈ではなく、ただ「ああ、お母さんだ！」と取りすがる。そうなれば、もう「疑いない」「違いない」「信じる」必要はありませんね。それは一種の悟りです。悟った内容は、「今までと同じ」ということなのです。

——仏教においては、仏法を「悟る」ことが解脱《げだつ》ということでしょうか？

禅師　なーんだ、そうだったのかと、気が晴れるから解脱というのでしょう。私は今、「仏法って何ですか？」と聞かれたら、「ああ、こうしてあなたと話している現実が仏法やなあ」と答えます。それ以外にはないねえ。

ところが、宗門の多くの人は「信じる」仏教を説いていますね。「お釈迦さまは、山川草木悉皆成仏《さんせんそうぼくしっかいじょうぶつ》だと申された」「そう信じましょう」とかね。これでは「うちの子どもに間違いありません」「そう信じてやりなさい」と言うのと同じです。

——禅師さまは、若い頃に井上老師に片手を出されて「これは何ですか?」と問われて、ぐうの音も出なかったとおっしゃいました。今ならどう答えられますか?

禅師　私が今、井上老師に会って「これは何ですか?」と片手のこぶしを出されたら、「おお、老師。お元気ですか?」と言うかもしれません。ニタッと笑って「いや、わかりません」と言うかもしれないし、両手を叩いて「これはどういう音ですか?」と聞き返すかもしれません。

その時の出会いです。どのように返答するか、その時になってみなければわからんですよ。

氣に入らぬ風もあろうに柳かな

第三章

人生を悩みなく生きるために

1 ときには、テレビやパソコンから離れてみましょう

インターネットが普及して以来、パソコンや携帯電話の画面ばかりを見ている人が増えていますね。私はまったく使わないのですが、画面の世界ばかりを見ていると人工的な人間になってしまいませんか。

私は昭和二年生まれです。田舎の農家の息子ですから、子どもの頃の遊びといえば、鬼ごっこをしたり、山のなかへ行ったり、川でどじょうをすくったり、泳いだりすることでした。山野のほかに遊ぶ場所はなかったのです。

人間は大自然のなかに生かされている生き物です。それなのに、今や人類の文化はこの自然、大地という住まいから離れてしまい、土を素足で踏むことさえなく、木や草のないコンクリートの建物のなかで暮らしている人が多いのです。そして、閉め切った部屋のなかで、テレビやコンピュータ、携帯電話にゲームと画面の世界ばかりを見ているわけでしょう。一見、文明が発展しているようでいて、実際には衰亡の一途をたどっているのではないでしょうか。私は危惧の念を抱いているのですよ。

目だけで見て頭で考えて判断することと、手で触れて「冷たいなあ」とからだがわかることの間には、大きな違いがあります。大自然のなかに息をして生活していることを忘れては、人間はダメな方向へ行ってしまうのではないでしょうか。

2 大自然に生かされていることを思い出してください

大昔から日本人の基本には、大自然に生かされているという実感がありました。だからこそ、古来より大自然を大事にする生活を営んできました。

修行僧たちと樹齢二千年余という巨大な樹木を石川県まで見学に行きました。迫力ある雰囲気や勢いに「すごいなあ」と圧倒されると同時に、畏敬の念を抱きましたね。このような素朴な宗教感覚のもとに、日本人は大きな木や岩、滝に注連縄《しめなわ》を張り、お宮さんを建てて拝んでいたのだと思います。

また、古くからの街道筋にはお地蔵さまや観音さまをお祀りして、旅人は手を合わせて道中の無事を祈っていました。日本人は、神さまも仏さまもみんなごっちゃにしています。これがまた面白いところです。何の神さまだか、仏さまだか知らないけれども大事にして拝むという曖昧模糊としたところが、日本人の文化の深さだろうと思いますね。素朴な感性を、日本人はいまだに持っているのでしょう。

ところが、近代以降になると大自然を開拓して大きな都市を作り、便利さを追求するようになりました。しかし、モノがあふれる時代になればなるほどに、精神を病む人や自殺する人が増えていますね。これはどうしてだと思いますか?

我々はからだ全体が自然と調和するようにできているのです。自然のなかに生かされて生きている存在なのですね。「寒いなあ」「暑いなあ」とからだがわかる。言葉を使わなくてもからだの実感でわかるのです。しかし、その実感を離れれば離れるほどに、人間の脳は人工的になっていくのではありませんか。

猫には言葉はありません。「にゃー」「にゃお?」と、気分がそのまま声に現れているだけです。彼らには言葉がないから「昨日」「明日」と言葉で考えることもありません。それで悩みもないし、また文明もありませんね。猫には自殺やノイローゼもありません。ところが、人間は言葉で考えるから「明日はどうなるのか」「あの人は何を考えているのか」「ほかの人に比べて」と、悩んだり喜んだりするわけです。まるで、頭のなかで、小説や映画を描いているようなものですね。

便利さばかりを追いかける文明が行き過ぎて、人間の頭に頭脳の代わりに、テレビの器械が入ったようになった人が、増えているのではありませんか。

ことしも
のんびり
マイペース
だわい
ニャオン

3 人が人を傷つけるのはなぜか、その本質を見なければいけません

通り魔、学校での陰惨ないじめなど、いたましい事件が起きています。メディアでは、容疑者を「精神異常者だ」と決めつけて、ことを済ませてしまいますが、「なぜ精神異常になったのか？」ということには言及しませんね。

私は、こういった事件はますます増える一方だと思いますよ。原因はやはり、言葉で考えてばかりいるからですね。もしも、事件の加害者が、自然に囲まれたところで規則正しい生活を送っているような人であれば、事件を起こさなかったかもしれません。大自然に

とけ込んで生きていれば、人を恨んだり、殺したりしないと思います。

その証拠に、私の小学生や中学生の頃、宮城県内で殺人事件は一件しか記憶にありません。敗戦後、モノが豊かになってから、ノイローゼ・自殺・犯罪が多くなりましたね。

最近の日本はモノが豊かになり、時間的ゆとりが出てきました。それで人は、いろいろ考えたり、喜んだり、悩んだりすることが多くなりました。これを文明というのでしょうか。

4 一日に一度、ゆっくり呼吸してください

坐禅の要は腹式呼吸です。これを禅門では丹田呼吸と言っていますね。呼吸を調えれば心も調ってきます。もし、私が学校を統括する立場になったら、朝のチャイムが鳴った後にみんなで腹式呼吸をする時間を作るでしょうね。

椅子に腰かけて、背筋をまっすぐに伸ばして目をつぶってもらいます。目を開けているといろいろ考えるからね。そして、みんなにこう言うのです。「はい、ひとー……つ。息を吸って、頭のてっぺんまで吸って」「その息をお腹の底にぐっとためて」「静かにゆっくり吐いて、吐ききってください」。これを十までやれば教室はシー

ンと静かになりますね。間違いありません。

呼吸とともに心が静まっていくことを実感していたら、卒業した後も自分に何かがあったときに応用できると思いますね。悩んでいるとき、人生の一大事にあたるとき、姿勢を調えて腹式呼吸をして心を冷静にしたらいいでしょう。

「生きている」ということは、「今、ここ」に現実にあることをいいます。「今、ここ」の実感をおろそかにして、頭のなかで、あれこれ考えるくせがついてしまったのが現代人です。

考えぐせのついた人間にだけ、ノイローゼや自殺他殺が多くなりました。言葉をおぼえた人類の行く末が案ぜられますね。

5 「からだがわかる」が生きる極意です

〝言葉の極致〟は言葉を使わずに「からだがわかる」ことにあると思います。

「言葉を使わない」と言っても、言葉をしゃべらない、書かないのがいいということではありません。たとえば、坐禅をするときに「何も考えないで、ただ坐りなさい」という「ただ」ということですね。道元禅師が言われた「只管打坐《しかんたざ》」とは、理屈なく「ただ、ひたすら坐る」ことです。「ただ」は、理屈を超えたところにあります。

つまり、言葉を使うよりも「からだがわかっている」のが実感であり事実なのです。腹が減ったとき、お腹がいっぱいになったとき

「からだがわかる」。たとえば、猫は魚を食べてお腹がいっぱいになったら、どこかへ行ってしまいます。また同じ場所に置いてあれば、また食べに来ます。ただそれだけです。

人間は「おいしいな。誰かに取られないように隠して、明日にまた食べよう」と言葉で考える。ここにケーキがたくさんある。二、三歳の子どもなら、食べ終わったらそれでおしまい。ところが、物心のついた子どもならば隠しておくかもしれません。「残しておけば誰かが食べてしまうだろう」と推測する能力ができたからです。

それが言葉の力です。そして人は言葉で考えて悩み、苦しみ、争い、はては戦争までやってしまうのです。

6 生存欲を「煩悩」にしてはいけません

煩悩というと、食欲や性欲を思い浮かべる人が多いでしょう。しかし、「お腹が空いて何か食べたい」というのは、生物にそなわった生存欲であって、煩悩ではありません。息を吸うのと同じで、食べないと生きられません。

先日、ヘビがカエルを呑みこんでしまう場面をテレビで見ました。それも生きるための生命力、活力だと思います。大自然の摂理として、生物には、生きようとする意欲が細胞に満ちているのです。生存欲がなくなるのは死滅のときです。

「私」というのは、お父さんとお母さんの二滴が結合し、細胞分裂して、今のように成長しているわけです。「私」は食べたり、空気を吸ったりします。「私」がポクッと死ねば灰になり、水蒸気になり、土になる。それがまた循環して、微生物となり、草木になり、ほかの命になり変わって生きますね。「俺だ、俺だ」と言っているのは今の間だけ、百年もしないうちに「俺だ」と騒ぐこともできなくなりますよ。

「私」は、昨日と今日では同じような顔をしているけれど、細胞レベルでは同じではありません。ただ、この皮袋のなかに昨日とだいたい同じようなものが詰まっているというだけです。明日はわかりません。明後日はもっとわかりませんよ。

これが、般若心経の「色即是空」ですね。「色」というのは「かたち」という意味です。かたちのあるものは必ず変わる。あらゆるものは変化しつつ流れているだけです。それが「一切皆空」ですね。

我々は、その変わりゆくものに個人的な情を入れてしまうのです。「もっと欲しい」と苦しんでしまいます。執着することさえなくせば、恐れることのない「心無罣礙《しんむけいげ》」（わだかまりのない自由自在な境地）になるというのが般若心経の言い分ですね。

私は、「煩悩は言葉がつくる」と明言したいのです。

猫には言葉がないから、餌のために争うことがあっても、その時、その場だけの争いです。相手の油断をねらって襲いかかる考えや計画性はないと思いますね。

やめられない
クセはない

7 うれしいときは喜び、悲しいときは涙を流していたらいいのです

私たちは、好きな人と一緒になりたい、イヤな人と別れてせいせいしたい、などと思うことが多いですね。人間は感情を持っていますから、それはあたりまえのことでしょう。

好きな人と別れたり、身近な人を亡くして、つらい思いをするときも同じです。ただ、「つらい」「悲しい」と実感していればいいのですが、そうはいかずグチグチと悩みますね。

つらいときは、あれこれと思い出して時を過ごすよりも、何か自分の好きなことに目を向けておればいい。それでも悲しければ、涙

を流していればいいのではないでしょうか。時間はかかるでしょうが、いずれは忘れていきます。

思い出してつぎつぎ考えたら、ますます悲しくなり、グチるだけですね。ただ、忘れ去るのがいいということではありません。その人を思って悲しみ、受けた恩を感じるのはいいことです。しかし、悲しみに沈んで考えてばかりいるのは、いいことではありませんね。

とにかく、グチグチと考えるくせを少なくすることです。それには自分のやりたいこと、好きなことに目を向けて、努力するのが一番賢明な生き方だと思いますね。

そのために、坐禅や読経などの修行があるのですよ。

8　震災と原発について思うこと

東日本大震災が発生しました。津波によって福島第一原子力発電所で事故が起きました。私は宮城県の出身ですから、郷里に帰ったときに被災地を訪ねたのです。津波で流されて何もなくなったところに、お墓代わりの土が盛られていましたね。

震災が起きたときに「想定外だ」ということが言われていました。想定外の津波による想像外の原発事故だというわけです。しかし、想定外のことを何万回と繰り返して、現状の地球があるのですね。

私は戦時中の生活を経験しています。夜はロウソクを立てて生活もしました。あの当時から思えば、現代は電気の使い過ぎだと思えてなりません。便利さを求めて危険きわまりない原子力発電所まで作って発電するのは、人間の欲望が際限なく展開するからでしょうね。

さらに言うと、私は防衛の観点からも原子力発電所は危険だと思います。もし他国に攻められたとき、原子力発電所が一基やられたらそれでおしまいですし、放射能でいつまでも尾を引く結果になります。原子力発電所は原子爆弾をいくつも貯蔵しているようなものではないでしょうか。

国の防衛の面から原子力発電を問題にする人が少ないのは、どうしたことでしょうか。

9 質素な生活ほど精神性を深めます

私が生まれたのは昭和二年です。小学校三年生のときに日中戦争がはじまりました。中学校二年生のときに太平洋戦争がはじまりました。当時を思うと、世の中は大きく変化しました。今の日本を見ていて驚くことは、スーパーなどに行くと、モノがあふれていることです。日常生活の面では人間はとても幸せになったと思います。

しかし、私には心から喜べないものがあります。

小型の携帯電話を使って、老いも若きも気軽に交信していますね。子どもたちは土で遊ばずにゲーム機、パソコン、テレビと画面ばかりを見て遊んでいるでしょう。電子機器ばかりを使っていると、考える能力が衰えますよ。情緒や奥ゆかしさなどの人間的な感性が衰えていくのではないでしょうか。

だからと言って「電力が不足しているのだからロウソク生活に戻ればいい」とは言いません。ただ「奈良時代を思え」と言いたい気持ちはありますね。「奈良時代へ帰れ」ではなく「奈良時代を思え」。当時の一般の人々の生活にはロウソクすらなかったのでしょう。そのような生活から、素晴らしい仏像がたくさん作られました。京都の法衣屋は「正倉院の宝物にある織物と同じようなものはどうやっても作れない」と言っていました。

これほど文明が進歩したのに、奈良時代の芸術を超えるものを作ることができないのはどうしてでしょうか？　私は、文明の進歩は精神性の深さとは、むしろ反比例するのではないかとさえ思うのです。

社会全体の生活のテンポを、もっとゆっくりにすれば、見直すことがたくさんあると思います。特急や新幹線ばかり使わずに、各駅停車で時間をかけて移動してもいい。世の中全体を今の半分くらいスローな歩みにしてもいいのではないでしょうか。便利すぎる生活によって、大切なものを見失っていることがあるはずです。

私は敢えて叫びたいのです。「奈良時代を思え」と。質素な生活ほど精神性を深めます。再び、良寛さんや二宮尊徳のような質素な暮らしが重んじられる時代が必ずやって来るでしょう。それが日本人の底力だと思っております。

便利、進歩、開拓を推し進めると、この地球は将来どうなるのでしょうか。地球という大自然のなかに生かされていることを忘れてはいけません。

裸で
生れたに
何に不足
興宗

10 今、ここに「生きている命」を実感してください

みなさんは今、生きていますね。ところで、あなたの命はどこにあると思いますか？

頭を指差す人もいれば、胸のあたりを押さえる人もいるでしょう。しかし、「ここですか？　これもですか？」と問われているうちに、わからなくなってくるでしょう。自分の命は誰もがわかっていると思っているのに、いざというときには答えられない。本当のことを知らないからです。

机を叩いてみなさい。音が聞こえるでしょう？　ここから、窓の

外に松の木が見えます。私が見ようと思う前に、すでに見えている。見えていること、それが事実です。今、気づかないうちに息をしている。それが事実なのです。その時、その時のからだの実感。寒い、暑い、という実感こそが「命」そのものなのです。

今ここに生きている。「今、ここ」という実感ですね。手で触れた、目に触れた、その時のからだが、じかにわかっている。これ以外に命はありません。これ以外に仏道はありません。これが、私の六十年の修行の結論です。

しかし、そこに留まると観念になります。「そういうものだ」と、理解に留まることではありません。一刻、一刻、その場、その場なりに「実感」していることです。

今ここに
生かされている

あとがき

私の寺には三十人あまりの修行者と、八十匹ほどの猫たちが暮らしています。猫たちには、それなりに通用する鳴き声や行動があります。しかし、猫には「ことば」がありません。昨日・今日・明日などの時間の観念もなく、「その時」「その場」に適合して生きているものと思われます。

これに対して、人間は数字をふくめて「ことば」を自由に使って生きております。そして、明日・将来・死後の世界まで想定しています。その意味で、現代文明の根底に「ことば」の力があると思います。ところが、人間にだけ精神障害者や自殺する者がいます。

それでは、人間はどのような生き方をするのが理想的な生活なのでしょうか。その端的な答えは「からだがわかっている」生き方にあると言いたいのです。

誤解を恐れずに言うと、「猫のように」生きることが極意です。もちろん畜生になれということではありません。「ことば」より「からだ」が、じかにわかっている生き方です。観念の世界よりも「からだ」の感性に重きをおいて生きることです。

私たちの坐禅や読経などの修行のねらいも、「からだが、じかにわかっている」、その実感を確実にすることにあると思います。

インタヴュアーの杉本恭子さんの質問に答えながら、私の八十六年の人生道中を吐露した次第であります。

御誕生寺 住職
板橋興宗

板橋興宗（いたばし・こうしゅう）

1927（昭和2）年宮城県多賀城市の農家に生まれる。海軍兵学校76期を経て東北大学文学部宗教学科卒業。1953（昭和28）年、渡辺玄宗禅師につき禅門に入り、神奈川県横浜市の大本山總持寺で修行。その後、静岡の井上義衍老師に参禅。福井県武生市の瑞洞院住職、石川県金沢市の大乗寺住職などを歴任後、1998（平成10）年、大本山總持寺貫首、曹洞宗管長に就任。2002（平成14）年、貫首・管長を辞任し、石川県輪島市の總持寺祖院住職を務めながら福井県武生市に御誕生寺を創建する。現在、御誕生寺住職・専門僧堂堂長。

著書に『坐りませんか。』（PHP研究所）、『息身佛』（角川マガジンズ）、『柔らかな心で』（北國新聞社）など多数。

猫《ねこ》のように生《い》きる
からだで感《かん》じる生《い》きかた指南《しなん》

二〇一三年二月二〇日　初版印刷
二〇一三年三月　五　日　初版発行

著　者　板橋興宗《いたばしこうしゅう》
発行者　渡邊隆男
発行所　株式会社　二玄社
東京都文京区本駒込六―二―一　〒113―0021
電話　〇三（五三九五）〇五一一
Fax　〇三（五三九五）〇五一五

編集協力　杉本恭子
装　丁　藤本京子（表現堂）
資料提供　御誕生寺
印刷所　図書印刷株式会社
製本所　株式会社越後堂製本

ISBN978-4-544-05138-4 C0014